Disney – Die Eiskönigin

Annas königliche Freundschaft

Annas königliche Freundschaft

Geschrieben von
Kate Egan

Übersetzt von
Saskia Schmidt

Die deutschsprachige Ausgabe erscheint im Nelson Verlag
in der Carlsen Verlag GmbH,
Völckersstraße 14–20, 22765 Hamburg
Autorin: Kate Egan
Übersetzung: Saskia Schmidt
Umschlagillustration: Elisabetta Melaranci
Umschlaggestaltung: awendrich grafix, Hamburg
Satz: Pinkuin Satz und Datentechnik, Berlin
Druck und Bindung: GGP Media GmbH, Pößneck
ISBN 978-3-8451-1751-5
www.carlsen.de/nelson

Printed in Germany

MIX
Papier aus verantwor-
tungsvollen Quellen
FSC® C014496
FSC
www.fsc.org

Inhaltsverzeichnis

Der erste Tag

Die kleine Anna steht an einem der großen Fenster des Schlosses von Arendelle. Unten vor den Toren sieht sie die königliche Kutsche über die Brücke fahren. In der Kutsche sitzen König Agnarr und Königin Iduna. Die Eltern von Anna und Elsa werden für ein paar Tage auf Reisen sein. Als Königspaar besuchen sie die Herrscher in anderen Königreichen. Während die beiden verreist sind, wird das Schlosspersonal auf Anna und Elsa aufpassen.

„Die Zeit wird wie im Fluge vergehen", hat Königin Iduna ihrer Tochter Anna versprochen und ihr sanft über das Haar gestrichen. „Bevor du merkst, dass wir weg sind, kommen wir schon wieder."

„Aber ich werde euch vermissen", murmelte Anna und drückte sich eng an ihre Mutter.

„Wir werden dich auch vermissen", hat Königin Iduna geantwortet und Anna ganz fest umarmt.

Nun winkt Anna ein letztes Mal aus dem Fenster und schickt ihren Eltern ein paar Luftküsse hinterher. Sie schaut der

Kutsche so lange nach, bis sie nur noch ein kleiner Punkt am Horizont ist.

Anna ist jetzt schon acht Jahre alt. Früher war sie immer mit ihren Eltern auf Reisen, aber nun ist sie alt genug, um im Schloss zu bleiben. Anna holt tief Luft. Es wird ihr fehlen, morgens mit ihrer Mutter Tee zu trinken. Abends liest sie zusammen mit ihrem Vater Geschichten. Das wird sie auch vermissen. Anna wird wie immer Unterricht im Schloss haben, aber trotzdem wird alles anders sein.

„Ich kann nicht die ganze Zeit traurig sein", sagt Anna zu sich selbst. „Es gibt so viele tolle Sachen, die ich jetzt machen kann!"

Sie wirft einen letzten Blick aus dem Fenster. Dann stürmt Anna wild entschlossen die Wendeltreppe hinunter und läuft in ihr Zimmer. Fräulein Larsen, die Hauslehrerin von Anna und Elsa, hat Anna erlaubt, vor dem Unterricht noch ein wenig zu spielen.

„Heute ist der perfekte Tag, um sich zu verkleiden", jubelt Anna und schaut sich in ihrem Zimmer um. Dann reißt sie das Bettlaken von ihrer Matratze und schlingt es um sich. Die Hälfte des Lakens hängt hinter ihr wie eine Schleppe auf dem Boden.

„Wie wundervoll Sie heute aussehen, Eure Majestät", sagt Anna zu sich selbst im Spiegel und macht einen Knicks.

Sie stellt sich vor, das Laken wäre ein elegantes Kleid. Dabei dreht sie sich im Kreis wie eine vornehme Dame.

„Danke, sehr aufmerksam." Anna lächelt sich selbst im Spiegel zu und dreht sich noch einmal theatralisch von links nach rechts. Sie möchte ihr elegantes Kleid jedem im Schloss zeigen. Also rafft sie die Schleppe in ihren Händen zusammen und läuft in den Flur.

Anna bleibt vor Elsas Zimmer stehen. Schon seit einiger Zeit kommt ihre große Schwester gar nicht mehr aus ihrem Zimmer. Zumindest nicht, wenn Anna im Treppenhaus ist. Aber Anna erinnert sich daran, dass Elsa ihre Kostüme schon immer mochte.

„Elsa?", ruft Anna und klopft an die Zimmertür. „Willst du mein neues Kleid sehen?"

„Geh weg, Anna", hört sie Elsa durch die geschlossene Tür flüstern. Anna wartet noch einen Moment, aber Elsa macht die Tür nicht auf.

Anna seufzt und schleicht langsam den Flur entlang. Sie vermisst ihre Schwester und all die Dinge, die sie vorher zusammen gemacht haben. Vor gar nicht so langer Zeit waren Anna und Elsa noch ein Herz und eine Seele. Das Schloss war voller Leben. Alle haben viel gelacht und die beiden Schwestern haben jeden Tag neue Spiele erfunden. Aber jetzt sind die Tore des Schlosses versperrt.

Es kommt kein Besuch mehr. Vor allem Elsas Zimmer bleibt verschlossen. Anna versteht immer noch nicht, warum sich das Leben im Schloss verändert hat. Aber nun hüpft die kleine Anna mit großen, eleganten Sprüngen die prunkvolle Treppe im Schloss hinunter. Sie landet im großen Festsaal und dreht sich im Kreis, als würde sie auf einem Ball tanzen. Dann guckt sie sich kurz um und macht eine kleine Pause mit ihrem königlichen Schauspiel. Eine feine Dame zu sein ist ganz schön anstrengend. Anna nimmt Anlauf und schlittert auf ihren Socken einmal quer durch den ganzen Saal. Bevor sie in die Küche geht, rafft Anna die Schleppe ihres Kleides wieder zusammen und trippelt vornehm auf die Küchentür zu.

„Wie gefällt dir mein Kleid?", fragt Anna die Köchin Olina, die am Herd steht und eifrig in einem großen Topf rührt. Anna wirbelt in kleinen Kreisen um Olina.

„Komm, wir tun so, als würden wir auf einen Ball gehen", versucht Anna die Köchin zu überreden.

„Ich muss nur noch diese Suppe fertig machen, dann komme ich zu deinem Ball", antwortet Olina lächelnd. „Komm doch einfach ein wenig später wieder."

Anna tänzelt aus der Küche und sieht Kai und Gerda am Fuß der Treppe stehen. Die beiden polieren eine alte Ritterrüstung. Wahrscheinlich möchten sie sich nicht verkleiden, denkt Anna. Aber vielleicht haben sie trotzdem Lust, etwas mit ihr zu spielen?

„Zählt bis zehn und dann sucht mich!“, ruft Anna und läuft aufgeregt um Kai und Gerda herum. Verstecken spielen mag Anna sogar noch lieber, als sich zu verkleiden.

„Wir können später etwas spielen“, antwortet Gerda und poliert weiter den Helm der Ritterrüstung. „Warte nur ab, wie schön der Ritter glänzen wird, wenn wir ihn fertig poliert haben!“

Auf Warten hat Anna nun wirklich gar keine Lust. Sie wünscht sich, dass *später* schon jetzt sei. Wieso hat denn niemand Zeit, jetzt mit ihr zu spielen?

Zum Glück hat Anna ein paar Freunde, die immer Zeit zum Spielen haben. Sie läuft an Gerda und Kai vorbei und durchquert auf ihren Socken schlitternd den Saal. Dann öffnet sie die weißen, hohen Türen zur Bildergalerie. Hier befinden sich die wertvollen Gemälde des Königreichs von Arendelle.

In der Mitte der Decke hängt ein großer, funkelnder Kronleuchter. Die prachtvollen Gemälde sind rechts und links an den Wänden eines langen Flurs aufgereiht. Anna stellt sich vor, dass die Personen auf den Gemälden echt seien. Diese Menschen freuen sich immer Anna zu sehen! Manchmal denkt Anna, dass nur die Gemälde ihr zuhören.

„Guten Morgen", begrüßt Anna ihr Lieblingsbild. Auf dem Gemälde ist ein junges Mädchen in einem flatternden, gelben Kleid auf einer Schaukel zu sehen. „Soll ich dir zeigen, wie man von einer Schaukel springt?"

Anna macht eine kurze Pause und tut so, als würde das Mädchen auf dem Bild mit ihr sprechen.

„Ja, das kann ich verstehen. Aber du musst wirklich nicht aufgeregt sein. Es ist ganz einfach, von der Schaukel zu springen. Ich habe das schon hundert Mal gemacht", antwortet Anna dann.

Im Gemälde daneben sind zwei weitere Freunde von Anna. Sie liegen auf einer Decke und machen ein Picknick.

„Was habt ihr heute zu essen dabei?",
fragt Anna das Paar auf dem Bild.
„Pfannkuchen mit Schokolade? Ich liebe
Pfannkuchen mit Schokolade!"
Dann überlegt Anna kurz.
Wahrscheinlich essen Menschen bei
Picknicks keine Pfannkuchen. Aber
das ist ihr egal. In ihrer Welt ist alles
möglich! Anna hofft, dass sie eines Tages
mit einer echten Freundin ein Picknick
mit echten Pfannkuchen machen kann.
„Wenn ich schon kein Picknick mit
einer Freundin machen kann, sollte ich
trotzdem Pfannkuchen essen", murmelt
Anna und macht sich wieder auf den
Weg in die Küche. Um diese Uhrzeit
trinkt sie eigentlich mit ihrer Mutter Tee

und isst ein Brot. Kein Wunder, dass
Anna hungrig ist!

Als sie wieder in die Küche kommt,
macht die Köchin Olina gerade Feuer
im Ofen. Anna hört das Zischen und
Knacken des brennenden Holzes. Aber
ihr fällt noch ein anderes Geräusch auf.
Es kommt von der Hintertür.

Es klingt wie das Klappern einer
Kutsche! Einen kurzen Moment fragt
Anna sich, ob ihre Eltern schon wieder
zurück sind. Sie öffnet die Tür einen
kleinen Spalt breit und schaut hinaus.
Aber Anna kann die königliche Kutsche
nicht entdecken. Dafür sieht sie eine
kleinere Kutsche den Weg entlangfahren.
Anders als die königliche Kutsche wird

diese von nur einem Pferd gezogen. Sie
ist beladen mit vielen Paketen.

Das ist genau das Abenteuer, von dem
Anna den ganzen Tag schon geträumt
hat! Endlich kommt wieder jemand
ins Schloss. Sie kann sich nicht daran
erinnern, wann die Familie das letzte
Mal Besuch bekommen hat.

Olina ist noch mit dem Feuer beschäftigt
und hat den Besuch nicht bemerkt.
Also beschließt Anna die Sache selbst
in die Hand zu nehmen. Schließlich
muss jemand den Besuch im Schloss
begrüßen!

Die Lieferungen

Anna schleicht sich aus der Küche
und läuft dem Besuch entgegen. Der
Fahrer der Kutsche steigt ab und kommt
lächelnd auf Anna zu. Er ist ein netter,
großer Mann mit grauen Haaren.
„Hallo, ich heiße Nikko", sagt der Mann.
„Ich bringe die täglichen Lieferungen für
das Schloss."
„Die täglichen Lieferungen?", fragt Anna
und schaut Nikko mit großen Augen an.

Das klingt fast so, als wäre Nikko nicht zum ersten Mal zu Besuch.

„Nikko bringt uns jeden Tag um diese Uhrzeit alles, was wir brauchen, ins Schloss", erklärt Olina, die hinter Anna aus der Küche gekommen ist.

Anna überlegt kurz. Natürlich hat sie Nikko noch nie getroffen, weil sie um diese Uhrzeit immer Tee mit ihrer Mutter trinkt.

„Hast du Pfannkuchen mit Schokolade dabei?", fragt sie Nikko.

„Nein, aber ich habe Zutaten für Olina dabei, um Pfannkuchen zu backen", sagt er lachend.

„Und was machst du mit all den Paketen?", möchte Anna nun wissen.

„Ich gehe durch das Schloss und verteile sie an die Personen, die etwas bestellt haben", antwortet Nikko.

„Das klingt nach einem Abenteuer!", ruft die kleine Anna. „Kann ich dir dabei helfen?"

„Es wäre mir eine Ehre, wenn die kleine Prinzessin von Arendelle mich begleiten würde", meint der Lieferant.

Schnell wirft Anna ihr langes Kleid aus dem Laken an die Seite und folgt Nikko zu der Kutsche. Eins nach dem anderen hebt der Lieferant die Pakete von der Kutsche und stellt sie auf den Boden. Die Pakete sind ganz unterschiedlich. Anna sieht eine kleine, weiße Box, die sich so leicht anfühlt, als wäre sie mit

Luft gefüllt. Aber als Letztes hebt Nikko auch einen großen, braunen Sack aus der Kutsche, der sehr schwer zu sein scheint. Nikko hängt sich den Sack über die Schulter und dreht sich zu Anna um. „In diesem Sack ist Zucker, den wir in die Küche bringen müssen. Lass uns dort zuerst hingehen", schlägt er vor. Anna folgt Nikko in die Küche. Der Lieferant lächelt sie an. Sicherlich freut er sich heute eine Helferin zu haben. „Den Zucker brauchen wir zum Backen", erklärt Olina, als Nikko den schweren Sack in der Ecke der Küche abstellt. „Backen können wir später", sagt Anna und grinst Olina an. „Ich habe jetzt noch viel Arbeit zu tun."

Anna freut sich, dass sie nun wie alle anderen im Schloss eine Aufgabe hat.

Die nächste Lieferung ist für Kai und Gerda. Es ist ein Staubwedel. Anna hebt ihn hoch und wirbelt im Kreis, als wäre der Staubwedel ihr Tanzpartner. Dann versteckt sie ihn hinter ihrem Rücken und läuft zu Kai und Gerda.

„Ich habe etwas für euch", kündigt sie den beiden freudestrahlend an.

„Habe ich etwa heute Geburtstag?", fragt Gerda mit einem Augenzwinkern.

„Nein, heute ist Liefertag!", ruft Anna und holt den Staubwedel schwungvoll hinter ihrem Rücken hervor.

„Oh, vielen Dank, Anna", sagt Gerda.

„Auf den Staubwedel habe ich gewartet!"

Als Nächstes machen Nikko und Anna sich auf den Weg in den Schlossgarten. Nikko hat Zwiebeln für den Gärtner Anders mitgebracht. Gemeinsam laden sie die Zwiebeln auf einen Wagen und fahren ihn in den Garten.

Diese Lieferung findet Anna etwas seltsam. Müssten sie die Zwiebeln nicht ebenfalls in die Küche bringen? Aber dann fällt ihr ein, dass sie viele Dinge über das Leben im Schloss noch nicht weiß. Vielleicht sind Zwiebeln auch das Lieblingsessen von Anders. Als Anna und Nikko im Garten ankommen, schneidet der Gärtner gerade eine Hecke. „Wir bringen dir dein Lieblingsessen: Zwiebeln", ruft Anna fröhlich.

„Lieblingsessen? Zwiebeln?", fragt der
Gärtner Anders zweifelnd. Auch Nikko
guckt Anna verwirrt an.

„Ja, schau doch mal!", sagt Anna und
öffnet die Holzbox. „Das sind so viele.
Die sollten eine Weile satt machen."
Der Gärtner Anders wirft einen Blick in
die Holzbox und beginnt zu lachen.

„Das sind Blumenzwiebeln", erklärt er.

„Stimmt, sie heißen gleich und sehen
auch aus wie Zwiebeln. Aber ich werde
sie in die Erde pflanzen und dann
wachsen wunderschöne Tulpen daraus."
Nikko und Anna laden die Holzbox
ab und Anders stellt sie zu seinem
Blumenbeet. Anna ist froh, dass sie
Nikko den ganzen Tag begleiten kann.

So lernt sie alles darüber, was im Schloss passiert! Die zwei Lieferanten laufen zu dem Glockenturm, in die Kapelle und in den Festsaal. Anna darf den Wagen schieben und Nikko hebt die schweren Pakete vom Wagen herab. Durch die Lieferungen lernt Anna jeden Winkel des Schlosses noch besser kennen. Außerdem ist Pakete ausliefern für Anna fast wie Geschenke verteilen.

Nachdem Nikko und Anna alle Pakete ausgeliefert haben, gehen sie zurück in die Küche. Dort wartet Fräulein Larsen schon auf Anna. Nikko setzt sich auf einen Stuhl, um sich einen kurzen Moment auszuruhen. Aber Anna hat keine Zeit für eine Pause.

„Es wird Zeit für deinen Unterricht,
Anna", sagt Fräulein Larsen. „Morgen
kommt Nikko wieder und du kannst die
Pakete mit ihm ausliefern."

„Bis morgen, Nikko!", ruft Anna
und winkt ihrem neuen Freund zum
Abschied. Durch das Ausliefern der
Pakete hat Anna fast vergessen, dass sie
ihre Eltern vermisst – und ihre große
Schwester Elsa.

Der Brief

Am nächsten Tag steht Anna extra
früh auf. Sie will Nikko und die neuen
Lieferungen auf keinen Fall verpassen!
Anna verbringt den ganzen Morgen
mit Olina in der Küche. Sie wollen
Zimtschnecken backen. Aber eigentlich
wartet Anna darauf, das Geräusch von
Nikkos Kutsche im Hof zu hören.
Olina wiegt die Milch und die Hefe
für den Teig genau ab. Anna darf das

Mehl in die Schüssel schütten. Als sie alle Zutaten zusammengemischt haben, müssen sie darauf warten, dass der Teig aufgeht. Das Warten gefällt Anna gar nicht, aber sie mag es zu sehen, wie der Teig größer wird. Irgendwann ist der Teig so groß und fluffig wie ein Kissen.

„Oh nein, wir haben gar keinen Zimt mehr!", sagt Olina plötzlich. „Hoffentlich kommt Nikko bald!"

Anna lächelt. Sie hofft auch, dass Nikko bald kommt. Vorsichtig schneidet Olina den Teig in lange Streifen. Annas Aufgabe ist es, die Teigstreifen zu Schnecken zusammenzurollen.

„Wunderbar, Anna, jetzt kannst du noch etwas Zucker auf die Schnecken streuen und dann backen wir sie", erklärt Olina.

„Fehlt nur der Zimt von Nikko."

Natürlich macht Anna extraviel Zucker auf die Schnecken. Sie weiß, dass das Gebäck so besonders lecker wird.

Gerade als Olina die Schnecken aus dem Ofen holt, hört Anna draußen das Geklapper von Nikkos Kutsche.

„Er ist endlich da!", jubelt Anna und läuft blitzschnell in den Hof.

Heute hat Nikko eine große Lieferung Gewürze für die Küche dabei. Er stellt verschiedene Säckchen in die Küche.

„Perfekt, da ist ja der Zimt! Das ist genau das, was unseren Schnecken noch fehlt", sagt Olina, öffnet eines der Säckchen und streut Zimt über das warme Gebäck.

Es riecht köstlich in der ganzen Küche!
Natürlich schnappt Anna sich sofort eine
der leckeren Zimtschnecken. Der Zucker
und der Zimt schmelzen in ihrem Mund.
Das Warten hat sich gelohnt!
Während Anna eine Zimtschnecke nach
der anderen verputzt, beobachtet sie,
wie Nikko einen großen Korb in die
Küche trägt. Darin sind große, kleine,
dicke und dünne Stapel aus Papier.
In dem Moment fegt ein Windstoß
durch die Küche und verteilt das Papier
überall. Anna springt auf und läuft
eifrig umher, um alle Papiere wieder
einzusammeln. Ordentlich legt sie alles
auf einem großen Stapel für Nikko
zusammen. Da sieht Anna, dass die

Papiere gefaltet sind und darauf etwas geschrieben ist.

„Was ist das denn?", möchte Anna von Nikko wissen.

„Das sind Briefe für deine Eltern", erklärt er. „Einladungen, wichtige Nachrichten und Dokumente für das Schloss. Durch die Briefe bleiben deine Eltern in Kontakt mit der Welt."

„Das ist ja toll", sagt Anna erstaunt. Schade, dass keiner der Briefe für sie ist. Sie würde so gerne auch einmal einen Brief bekommen – zum Beispiel eine Einladung von einer Freundin oder Nachrichten aus einem anderen Königreich. Vielleicht würde Anna eines Tages auch jemanden kennen, dem sie

einen Brief schreiben kann. Wie lange
wird sie wohl darauf warten müssen?
Aber dann hat Anna eine Idee. Wie wäre
es, wenn sie gar nicht warten würde?
Nachdem sie alle Pakete mit Nikko
ausgeliefert hat und bei ihrem Unterricht
war, geht Anna zurück in die Galerie
zu den Gemälden. Sie betrachtet das
Mädchen auf der Schaukel.
„Bist du immer noch aufgeregt?", fragt
Anna das Bild. Sie selbst ist jetzt auch
aufgeregt. Heute wird sie zum ersten
Mal einen Brief schreiben. Anna holt ein
Blatt Papier und ihre liebste Schreibfeder
hervor und tunkt sie in die Tinte.
Liebevoll malt sie verschiedene Blumen
auf den Rand des Papiers. Nun sieht es

aus wie richtig schönes Briefpapier. Anna
überlegt kurz. Was könnte sie denn
überhaupt schreiben?

Nikko hat etwas von wichtigen
Nachrichten gesagt, aber Anna hat keine
Neuigkeiten zu erzählen. Sie tippt mit
der Schreibfeder auf das Papier. Sie steht
auf und läuft die Galerie auf und ab.
Dann beschließt Anna einen Spaziergang
in der Sonne zu machen. Vielleicht fällt
ihr dabei etwas ein.

Verträumt läuft Anna durch den Garten
und entdeckt das Beet, in das der
Gärtner Anders die Tulpenzwiebeln
gepflanzt hat. Dann läuft sie an einem
Baum vorbei, der gerade begonnen hat
wunderschön zu blühen. Anna bleibt

stehen, um an den Blüten zu riechen. Da bemerkt sie ein Rascheln an einem der Äste neben sich. Doch als Anna sich zu dem Ast dreht, hört das Rascheln auf. Vielleicht hat sie es sich nur eingebildet. Anna läuft zu dem Brunnen in der Mitte des Gartens. Da hört sie wieder das Rascheln! Irgendetwas muss da sein. Anna bleibt stehen. Wenn sie sich gar nicht bewegt, würde es vielleicht einfach weggehen. Oder es würde noch näher kommen. Plötzlich ist Anna gleichzeitig ängstlich und neugierig. Sie denkt nach. Da die Tore des Schlosses gesperrt sind, ist es wahrscheinlich kein Mensch. Vielleicht ist es eine Maus? Oder ein Vogel? Oder etwa ein Monster?

Anna läuft ein Schauer über den Rücken. Da hört sie wieder das Rascheln. Dann sieht sie, wie sich das hohe Gras auf der Wiese neben ihr bewegt. Im nächsten Moment springt etwas aus dem Gras. Es ist ein kleines, rotes Eichhörnchen! Fröhlich blinzelt es Anna an. Das Nagetier sieht genauso überrascht aus wie sie. Anna bleibt ganz ruhig stehen. Sie möchte dem kleinen Freund keine Angst machen. Das Eichhörnchen schaut Anna lange an. Es quiekt und blinzelt in Annas Richtung. Dann springt das Eichhörnchen in das Gras auf der anderen Seite des Weges und verschwindet in Windeseile darin. Was hat das Eichhörnchen vor?

Anna blickt ihm hinterher, bis es verschwindet. Plötzlich taucht es hinter einem Blumentopf wieder auf, rast durch die Wiese mit Maiglöckchen und hüpft in ein Beet voller Erdbeerpflanzen. Dann verliert Anna ihren neuen Freund für einen Moment aus den Augen. Vorsichtig schleicht sie hinüber zu dem Beet. Da sieht sie das Eichhörnchen wieder. Es hockt zwischen den Pflanzen. In seinen kleinen Pfoten hält es eine Erdbeere, an der es genüsslich knabbert.

„Du bist so niedlich", flüstert Anna und geht mit kleinen Schritten weiter auf das Eichhörnchen zu. „Soll ich dir noch eine Erdbeere pflücken?"

Das Eichhörnchen hält für einen Moment inne und es scheint so, als würde es weglaufen wollen. Aber das kleine Nagetier bleibt sitzen.

Ganz langsam pflückt Anna eine weitere Erdbeere. Sie legt die Frucht in ihre offene Hand und hält sie dem Eichhörnchen hin. Dann wartet sie geduldig ab. Würde das Eichhörnchen wirklich zu ihr kommen und die Erdbeere aus ihrer Hand nehmen? Anna hält die Luft an.

Zum Glück ist das Eichhörnchen nicht schüchtern. Es streckt seinen Körper weit aus und schnappt sich die Erdbeere. Mit ein paar Bissen hat das Eichhörnchen die neue Beere verschlungen. Dann schaut das Eichhörnchen noch einmal hoch und sieht Anna direkt an. Ein paar Sekunden später springt es fröhlich davon.

Anna findet es schade, dass das Eichhörnchen nun weg ist. Aber immerhin ist das ein Erlebnis, über das sie schreiben kann. Die Geschichte von ihr und dem Eichhörnchen ist eine tolle Idee für ihren ersten eigenen Brief!

Als Anna zurück in die Galerie mit den Gemälden kommt, lässt sie sich sofort auf den Boden fallen, um loszulegen. Bevor sie anfängt zu schreiben, malt sie ein kleines Bild von dem Eichhörnchen, dass sie ihren Freunden auf den Gemälden zeigen kann.

„Hast du schon einmal so ein niedliches Eichhörnchen gesehen?", fragt Anna das Mädchen auf der Schaukel. Sie geht weiter zu dem nächsten Gemälde.

„Dieser kleine Kerl dürfte bestimmt zu eurem Picknick kommen, oder?", fragt Anna das Paar auf dem Bild.

Sie denkt für einen Moment nach. Das Eichhörnchen könnte auch einer ihrer Freunde werden. Dann denkt Anna sich einen Namen für ihre Freundin aus und beginnt zu schreiben:

„Liebe Astrid,

du wirst nicht glauben, was mir heute passiert ist! Ich habe heute im Schlossgarten jemanden kennengelernt. Es ist ein Eichhörnchen, so rot wie eine Tulpe und

so freundlich wie eine kleine Katze. Ich
weiß nicht, wie es heißt und auch nicht
was es macht, wenn es nicht im Garten ist.
Bevor ich das herausfinden konnte, ist es
schon weggelaufen. Aber wenn ich mehr
herausfinde, schreibe ich dir einen neuen
Brief darüber. Liebe Grüße, Anna"
Ihren Namen schreibt Anna in
schnörkeligen Buchstaben unter den
Text. Einem Freund einen Brief über das
Eichhörnchen zu schreiben ist fast so
schön, wie das Eichhörnchen im Garten
zu treffen, findet Anna.
„Ich schreibe jedes Mal einen Brief, wenn
ich das Eichhörnchen treffe", murmelt
Anna und wird ganz aufgeregt. „Dann
ist jeder Brief wie ein Kapitel! Und am

Ende habe ich ein ganzes Buch über das Eichhörnchen!"

Anna hofft, dass es viele Kapitel über ihren neuen, kleinen Freund geben würde. Und natürlich ein glückliches Ende.

Das Eichhörnchen

Anna kann es kaum erwarten, Nikko am nächsten Tag den Brief für Astrid zu geben. Bevor er am Schloss ankommt, läuft sie früh morgens in die Bibliothek. Dort sortiert Olina gerade ein paar Bücher in die Regale.

„Kannst du mir zeigen, wie man einen Brief verschickt?", fragt Anna.

„Einen Brief für deine Eltern? Das ist aber lieb", meint Olina.

„Nein, nicht für meine Eltern", sagt Anna. „Der Brief ist für meine Freundin." Olina schaut Anna von der Seite an und runzelt die Stirn. Sie weiß, dass Anna das Schloss nie verlässt oder mit anderen Kindern spielt.

„Was denn für eine Freundin?", möchte Olina wissen.

„So eine Freundin wie meine Freunde auf den Gemälden", erklärt Anna.

Da nickt Olina und lächelt. „Ach, so eine Freundin. Ich verstehe. Komm, dann bereiten wir deinen Brief für die Post vor."

Olina zeigt Anna, wie man den Brief richtig faltet, in einen Umschlag steckt und den Umschlag verschließt.

„Als Nächstes schreiben wir die Adresse vorne auf den Umschlag", erklärt sie Anna. „Weißt du, wo deine Freundin Astrid wohnt?"

Anna fällt es gar nicht schwer, sich eine Adresse auszudenken: „Sie wohnt neben der Zimtschnecke, über die Brücke und hinter dem Berg, im Königreich Arendelle."

Die Adresse ist ganz schön lang und Anna muss sich konzentrieren alle Wörter richtig zu schreiben. Aber am Ende schafft sie es, die ganze Adresse auf den Umschlag zu quetschen.

„Dann komm mal mit", sagt Olina anschließend. „Wir müssen den Umschlag noch versiegeln."

Anna weiß, dass ihre Eltern für wichtige Briefe das Siegel des Königreichs nutzen. Es ist ein runder Stempel mit einem Krokus. Der Krokus ist das Wappen von Arendelle. Jetzt ist Anna ganz aufgeregt. Natürlich darf sie als Teil der Königsfamilie das Siegel auch benutzen!

Gemeinsam mit Olina geht Anna in die Küche. Dort lagern die Wachsstifte für das königliche Siegel.

„Wir erhitzen das Wachs, bis es schmilzt", erklärt Olina und hält ein brennendes Streichholz an den Wachsstift.

Anna kann zusehen, wie das Wachs immer weicher wird. Es erinnert sie an ihre Geburtstagskerzen. Kurz bevor das Wachs zu tropfen beginnt, hält Olina den Wachsstift über die Rückseite von Annas Brief. Ein kleiner Tropfen aus flüssigem, dunkelrotem Wachs landet genau dort, wo Anna den Briefumschlag verschlossen hat.

„Jetzt müssen wir uns beeilen", sagt Olina und holt den goldenen Stempel mit dem Krokus aus einer kleinen Holzbox. Bevor das Wachs wieder fest wird, drückt Anna den Stempel kräftig in den dunkelroten Wachstropfen und wartet ein paar Sekunden. Als sie den Stempel wieder anhebt, ist ihr Brief durch das königliche Siegel mit dem Krokus fest verschlossen.

„Das sieht schön aus", findet Anna. „Wie ein richtig wichtiger Brief."

So würde niemand darauf kommen, dass der Brief von der jüngeren Prinzessin von Arendelle ist. Jeder außerhalb des Schlosses könnte denken, dass dies ein wichtiger Brief des Königs oder der Königin ist. Oder von Elsa, denkt Anna dann. Als älteste Tochter kann Elsa das königliche Siegel auch nutzen. Plötzlich wird Anna traurig. Was wäre, wenn ihre Schwester nicht mehr mit ihr redet, weil sie in ihrem Zimmer Briefe an andere Freunde schreibt?

Doch da hört Anna das Klappern von Nikkos Kutsche im Hof. Sofort schnappt sie sich ihren Brief und stürmt hinaus.

Kaum hat Nikko das Pferd zum Stehen gebracht, rennt Anna auf ihn zu.

„Ich möchte heute einen wichtigen Brief verschicken!", ruft sie außer Atem und streckt Nikko den Umschlag entgegen.

Nikko ist gerade dabei, ein schweres Fass aus der Kutsche zu heben. Nun stellt er es ab und schaut sich Annas Brief genauer an.

„Der Brief sieht wirklich wichtig aus", meint er und betrachtet das Siegel und die Adresse. „Dann bringe ich den Brief mal zu … Astrid, neben der Zimtschnecke, über die Brücke und hinter dem Berg, im Königreich Arendelle."

Nikko nimmt eine kleine Ledertasche vom Kutschersitz und verstaut den

Brief sicher darin. Nachdem Anna gemeinsam mit Nikko alle Lieferungen ins Schloss gebracht hat, geht sie zu ihrem Unterricht. Aber heute kann sie sich gar nicht konzentrieren. Sobald der Unterricht vorbei ist, rast Anna durch die Küche nach draußen in den Schlossgarten. Würde das Eichhörnchen wieder da sein? Und möchte es heute mit Anna spielen?

„Hey, kleine Prinzessin! Draußen regnet es", ruft Olina Anna hinterher. Die Köchin ist gerade dabei, die Küche zu schrubben, und schaut aus dem Fenster in den Nieselregen.

Heute könnte nichts Anna davon abhalten, draußen im Garten zu spielen.

Nicht einmal ein riesiger Stapel aus Pfannkuchen mit Schokolade und Schlagsahne! Anna schnappt sich ihre Regenjacke und zieht die Kapuze um ihren Kopf zusammen. Dann rennt sie los in den Schlossgarten.

Der leichte Regen fühlt sich ein bisschen wie Schnee an. Anna guckt nach oben und versucht die Regentropfen mit ihrer Zunge zu fangen. So haben Elsa und sie es im Winter immer mit Schneeflocken gemacht. Als Nächstes hebt Anna zwei Eicheln auf und setzt sie in einen kleinen Bach aus Regenwasser. Sie beobachtet, welche der beiden Eicheln schneller schwimmt. Außerdem hofft Anna, dass sie mit den Eicheln das Eichhörnchen anlocken kann. Vielleicht mag es Eicheln genauso gern wie Erdbeeren ...

Es funktioniert! Plötzlich saust das Eichhörnchen aus der Hecke links von Anna hinaus. Es ist so schnell, dass es die Blätter am Boden aufwirbelt. Anna ist sich sicher, dass es ihr kleiner, neuer Freund ist. Das Eichhörnchen hat das gleiche rote Fell und die freundlichen Augen. Es macht ein paar Schritte auf Anna zu und bleibt dann an einer Pfütze stehen. Zuerst denkt Anna, dass es ein Bad nehmen möchte. Aber dann senkt es seinen kleinen Kopf und beginnt aus der Pfütze zu trinken. Als das Eichhörnchen den Kopf wieder hebt, schaut es Anna an. Ob es jetzt spielen will?

Das Eichhörnchen hat große Lust zu spielen – aber nicht mit Anna. Es rast durch den Blumengarten, durchquert die Beerensträucher und flitzt einen Baum hinauf. Anna rennt los und versucht das Eichhörnchen einzuholen. Zum Glück liebt sie es auch, auf Bäume zu klettern! Anna springt hoch und hält sich an dem untersten Ast des Baumes fest. Dann zieht sie sich mit all ihrer Kraft hoch. Von hier aus kann sie den Baum wie eine Leiter hochklettern. Weit über ihr flitzt das Eichhörnchen von einem Ast zum anderen. So schnell kann Anna nicht klettern.

Der Abstand zum nächsten Ast ist ganz schön groß. Anna braucht all ihre Kraft und Konzentration, um sich hochzuziehen. Als sie endlich auf dem Ast sitzt, gibt es von dem Eichhörnchen keine Spur mehr. Anna sucht oben, unten, rechts und links von sich, aber sie kann es nirgendwo entdecken. Anna weiß, dass Eichhörnchen problemlos von einem Baum zum nächsten springen können. Heute würde sie das Eichhörnchen nicht mehr wiedersehen. Einen Moment wartet Anna noch, ob ihr neuer Spielkamerad wiederkommt. Sie hätte heute Nachmittag gerne jemanden zum Spielen gehabt. Aber Anna mag Warten nicht, also läuft sie zurück ins Schloss. Da kann sie einen neuen Brief zu dieser Geschichte schreiben.

Die Überraschung

Zurück in der Schlossgalerie schnappt
Anna sich sofort Stift und Papier. Sie
verziert ihr Briefpapier mit Blumen und
Blättern. Dann beginnt sie zu schreiben:
„Liebe Astrid,
heute habe ich das Eichhörnchen
wiedergesehen! Ich weiß nicht, wie es
heißt. Deshalb habe ich mir einen Namen
ausgedacht. Ich nenne das Eichhörnchen
Sören. Wirklich schade, dass es in den

Baum geklettert ist. So konnten wir nicht mehr zusammen spielen."

Anna macht eine Pause und schaut von ihrem Brief auf. Es wäre schön, wenn sie noch mehr schreiben könnte. Wo wohnt Sören? Wartet jemand im Baum auf ihn? Mit ihren Buntstiften malt Anna ein Bild von Sören in dem Baum. Hinter den grünen Blättern kann man ihn kaum sehen. Dann schreibt sie weiter:

Ich habe auf Sören gewartet, aber er ist nicht zurückgekommen. Vielleicht wohnt seine Familie in dem Baum. Dann wollte er bestimmt zu ihnen."

In Gedanken schaut Anna nach oben zu einem Gemälde, das eine Frau auf einem weißen Pferd zeigt.

„Möchtest du auch noch mehr über Sören wissen, Johanna?", fragt Anna die Frau auf dem Bild. Jetzt kommen ihr noch viele andere Ideen. Hat Sören einen Bruder oder eine Schwester? Hat er Freunde? Wohnen auch gefährliche Tiere mit Sören im Garten? Anna faltet den Brief zusammen und steckt ihn in ihre Jackentasche. Sie muss erst noch mehr über Sören lernen, bevor sie den Brief fertig schreiben kann.

Am nächsten Morgen läuft Anna direkt in den Garten. Sie klettert auf jeden Baum und sucht in den Ästen nach Sören. Vom Klettern sind ihre Hände ganz zerkratzt. Anna sucht eine kleine Pfütze und kühlt ihre Hände darin.

Dann trocknet sie die Hände an ihrem Kleid ab und sucht am Boden weiter. Gestern war Sören aus der Hecke gesprungen. Also läuft Anna zu der Hecke. Sie kniet sich hin und schiebt ein paar Äste weg. Unter der Hecke ist es ganz ruhig und dunkel. Dort findet Anna einen Haufen aus Tannennadeln. Könnte das ein Nest sein? Aber von Sören gibt es keine Spur. Anna steht auf und wischt die Erde von ihren Knien. Vielleicht kommt Sören zurück, wenn Anna ihm ein Geschenk unter die Hecke legt? Sie läuft zu einer der Blumenwiesen im Schlossgarten. Auf einem Fleck der Wiese sieht Anna großen, gelben Löwenzahn. Vorsichtig pflückt sie ein paar davon. Dabei passt sie auf, die Stiele nicht abzubrechen. Dann setzt Anna sich auf die Wiese und knüpft die Blumen ineinander. Als sie fertig ist, betrachtet sie die wunderschöne, gelbe Blumenkrone in ihren Händen. Vielleicht ist die Krone zu groß für Sörens Kopf, denkt Anna. Aber sie wäre auch ein tolles Spielzeug für ein Eichhörnchen. Wo ist Sören nur? Vielleicht erlebt er ein Abenteuer und ist nicht im Schloss. Anna versucht sich für Sören zu freuen. Aber sie selbst würde auch gerne ein Abenteuer erleben. Heute fühlt es sich so an, als würde Anna mit sich selbst Verstecken spielen. So macht ihr das Suchen und Finden keinen Spaß.

Traurig schlendert Anna zurück in die Schlossküche. Olina ist gerade dabei, eine große Schüssel mit heißem Wasser zu füllen, um Geschirr abzuwaschen. Das Gesicht der Köchin ist versteckt in einer großen Dampfwolke.

„Geht es dir gut, Anna?", fragt Olina, nachdem der Dampf verflogen ist.

„Nicht wirklich", murmelt Anna.

„Sören ist nicht mehr da!"

Olina wird hellhörig. Fremde Menschen sind im Schloss nicht erlaubt.

„Wer ist denn Sören?"

Anna merkt, dass Olina sich wundert. Vielleicht hätte sie vorher schon von Sören erzählen sollen. Dann hätte Olina ihr auch beim Suchen helfen können.

„Sören ist ein rotes Eichhörnchen",
erklärt Anna schnell. „Ich glaube, er
wohnt im Schlossgarten. Ich bin ihm auf
einen Baum gefolgt. Heute habe ich ihm
eine Blumenkrone gemacht. Aber er ist
nicht da …"

Nachdem Anna fertig erzählt hat, seufzt
Olina und sieht nicht glücklich aus.

„Was ist denn los?", fragt Anna. „Hast du
Sören gesehen?"

Plötzlich hat Anna Angst um das
Eichhörnchen. Ist er vielleicht verletzt?

„Nein, keine Sorge", beruhigt Olina
sie. „Aber ich hoffe, dass ich ihn bald
sehe! Ich habe noch nie ein rotes
Eichhörnchen gesehen. Aber manchmal
wünsche ich mir …"

Olina macht eine Pause und Anna fragt sich, was die Köchin sich wohl wünscht. Vielleicht könnte sie ihr dabei helfen!

„Ich wünschte, du hättest ein anderes Kind zum Spielen", sagt Olina dann.

Anna ist überrascht, dass Olinas Wunsch für sie ist. Wie wäre es wohl, ein anderes Kind zum Spielen hier zu haben? Sie könnten zusammen im Garten spielen. Sie würden gemeinsam die Bäume hochklettern. Am Nachmittag würde Anna mit ihrem neuen Freund oder ihrer neuen Freundin schwimmen und Ball spielen. Das wäre fast so, als wenn Elsa wieder da wäre. Ihre große Schwester war ihre beste Freundin. All das kann sie mit Sören nicht machen.

Das Geklapper von Nikkos Kutsche reißt Anna aus ihren Gedanken.

„Nikko ist doch mein Freund", meint Anna und lächelt Olina an. „Ich sehe mal nach, was er heute dabeihat!"

Heute ist Nikkos Kutsche randvoll mit Paketen. Er hat neue Teller und Tassen für das Schloss mitgebracht. Tinte für die königlichen Tintenfässer ist auch in einem Paket. Sogar Heu für die Pferde hat Nikko dabei. Nachdem er und Anna alle Pakete verteilt haben, kniet Nikko sich vor die kleine Prinzessin und greift in seine Ledertasche.

„Fast hätte ich es vergessen." Der Lieferant lächelt. „Anna, heute habe ich auch eine besondere Lieferung für dich!"

Anna traut ihren Augen kaum. Nikko nimmt einen weißen Umschlag aus seiner Tasche und gibt ihn Anna. Es ist wirklich ein Brief für sie gekommen! Schnell reißt Anna den Umschlag auf und beginnt zu lesen:

„Liebe Anna,

es tut mir leid, dass das Eichhörnchen so schnell wieder weg war. Vielleicht ist es auf eine Reise gegangen? Mach dir keine Sorgen. Das Eichhörnchen kommt bestimmt wieder! Oder kann es vielleicht einfach unsichtbar werden?"

Unter dem Text ist ein Bild von einem Eichhörnchen gemalt, das aus einer Baumhöhle guckt. Die Zeichnung ist wunderschön und bunt, aber Anna sieht sie zuerst gar nicht. Ihre Augen suchen wie wild das Ende des Briefes. Immerhin wird dort stehen, wer ihr den Brief geschrieben hat. Dann entdeckt sie die Unterschrift: *„Liebe Grüße, Astrid"*.

Die Brieffreundschaft

„Bitte, bitte, Nikko, kannst du warten, bis ich einen Brief an Astrid geschrieben habe?", fragt Anna den Lieferanten.

„Dann muss sie nicht lange auf meine Antwort warten!"

„Kein Problem, ich helfe einfach Olina ein wenig", meint Nikko lächelnd.

Anna rast nach oben in ihr Zimmer und holt den Brief hervor, den sie am Abend zuvor angefangen hat zu schreiben.

Astrids Idee hat ihr sofort gefallen. Ein unsichtbares Eichhörnchen! Da fallen Anna so viele Fragen und Geschichten ein! Also schreibt sie den Brief weiter: *„Es kann gut sein, dass Sören unsichtbar ist. Aber vielleicht weiß er selbst das nicht. Oder er verschwindet, weil er lernt zu fliegen? Liebe Grüße, Anna"*

Unter den Text malt Anna ein Bild von Sören, wie er mit zwei Vögeln durch die Luft fliegt. Seinen Schwanz nutzt das Eichhörnchen, um zu steuern. Wenn Sören fliegen könnte, würde er bestimmt um die Welt reisen! Vielleicht ist er deshalb weg?

Schnell faltet Anna ihren Brief zusammen und läuft zurück in die

Küche. Zum Glück ist Nikko noch da. Olina hilft Anna dabei, den Brief mit dem Siegel zu verschließen. Anna schaut den Brief noch einmal genau an, bevor sie ihn Nikko gibt. Er ist wirklich schön.

Den ganzen nächsten Vormittag verbringt Anna vor dem Fenster. Sie drückt ihre Nase so platt, dass man einen Fleck auf dem Glas sieht. Dann ist es endlich so weit! Anna sieht, wie Nikkos Wagen über die Brücke zum Schloss fährt. Sofort stürmt sie los. Nikkos Kutsche hat noch nicht einmal angehalten. Anna läuft einfach nebenher. „Hast du etwas für mich?", fragt sie den Lieferanten außer Atem. „Ist ein Brief für mich dabei?"

Ganz in Ruhe parkt Nikko die Kutsche vor der Schlossküche. Dann wühlt er in seiner Ledertasche.

„Ja, ich glaube, da war etwas für dich …", murmelt Nikko. „Hoffentlich habe ich es eingepackt!"

Anna hält die Luft an. Aber an dem Zwinkern von Nikkos Augen erkennt sie, dass er nur Spaß macht. Und tatsächlich lacht Nikko da auch schon und gibt Anna einen neuen Umschlag.

„Ich habe den Brief extra hier neben mir gehabt", erklärt er und tätschelt seine Ledertasche. „Ich wusste ja, dass es ein sehr wichtiger Brief ist!"

„Danke, Nikko!", ruft Anna noch schnell. Da hat sie sich den Brief auch schon geschnappt. Anna reißt den Umschlag sofort auf. Sie kann es nicht abwarten, die Antwort zu lesen!

„Liebe Anna,

wenn Sören fliegen kann, ist er wirklich ein ganz besonderes Eichhörnchen. Was, glaubst du, kann er noch? Liebe Grüße, Astrid"

Genauso wie Anna denkt Astrid auch über Sören nach. Anna hat sich selbst auch schon gefragt, was Sören alles kann. Vielleicht hat er Superkräfte, von denen andere Eichhörnchen träumen …

Anna stürmt in ihr Zimmer und schreibt sofort einen Brief zurück.

„Liebe Astrid,

ich denke, Sören spricht eine andere Sprache, die wir nicht verstehen oder nicht hören können. Vielleicht kann er so auch mit anderen Tieren sprechen? Dann kann es auch sein, dass Tiere mit uns sprechen wollen, aber sie wissen nicht, wie! Liebe Grüße, Anna"

Dieses Mal zeichnet Anna unter den Text ein Bild von einem Eichhörnchen, das mit einem Hasen und einem Vogel spricht. Dann läuft sie schnell wieder in die Küche, um Nikko den neuen Brief für Astrid zu geben.

Nachdem Nikkos Kutsche in der Ferne verschwunden ist, hüpft Anna fröhlich durch das Schloss. Natürlich wäre es schön, mit einer Freundin zu schwimmen oder zu singen. Aber sich tolle Geschichten ausdenken, ist das

Beste, was man mit einer Freundin machen kann!

Als sie noch jünger waren, haben Elsa und Anna sich immer zusammen Geschichten ausgedacht. Da waren sie zum Beispiel zwei Polarbärinnen oder Forscherinnen im Schnee. Die Geschichten nahmen nie ein Ende. Jedes Mal, wenn sie spielten, dachten Anna und Elsa sich etwas Neues aus.

Die Briefe an Astrid zu schreiben erinnert Anna an ihre schöne Zeit mit Elsa. So ganz kann Anna noch nicht verstehen, warum es Astrid plötzlich gibt. Sie hat sich den Namen doch nur ausgedacht. Aber dann fällt Anna ein, dass sie viele andere Dinge auch nicht versteht. Anna weiß zum Beispiel nicht, warum Elsa nicht mehr mit ihr spricht. Sie versteht auch nicht, warum die Sonne auf- und dann wieder untergeht. Und schon gar nicht weiß Anna, warum ihre Eltern eingelegten Hering essen. Pfannkuchen mit Schokolade sind viel besser! Ihre neue Freundin Astrid ist jetzt einfach da und Anna stellt keine Fragen. Doch mit Astrid an ihrer Seite kann Anna gar nicht aufhören sich Geschichten auszudenken …

Beim Frühstück am nächsten Tag stellt Anna einen Extrateller auf den Tisch.

„Wird noch jemand mit uns zusammen frühstücken?", fragt Olina.

„Ja, meine Freundin", antwortet Anna.

„Ein neues Eichhörnchen?", wundert sich Olina. „Ich glaube nicht, dass ein Eichhörnchen sich am Tisch benehmen kann!"

Anna kichert. Sie stellt sich vor, wie Sören über den Tisch hüpft und die Teekanne umwirft.

„Nein, doch kein Eichhörnchen!", ruft Anna. „Astrid natürlich!"

Olina nickt ruhig und spielt mit. Ohne ihre Eltern und Elsa zu essen, ist nicht schön für Anna. Natürlich kann Astrid dabei sein. Zumindest in Annas Fantasie. Während des Unterrichts ist Anna die ganze Zeit abgelenkt.

„Wohin fliegen deine Gedanken denn heute?", fragt Fräulein Larsen. Aber das lenkt Anna nur noch mehr ab. Wie weit kann Sören wohl fliegen? Und wie schnell? In ihrem neuen Brief muss sie das Astrid fragen.

Am Nachmittag spaziert Anna durch den Garten. Sie glaubt nicht, dass Sören heute kommt. Aber vielleicht sind ein paar Schmetterlinge auf den Blumen? Anna schaut sich die Blüten ganz genau an. Da bewegt sich etwas links von ihr. Vorsichtig dreht Anna den Kopf. In dem hohen Gras springt ein Eichhörnchen auf und ab!

„Sören!", ruft Anna. Das Eichhörnchen hört ihre Stimme und bleibt einen kurzen Moment stehen. Aber es läuft nicht weg. Das Eichhörnchen streckt

seinen Kopf etwas nach oben. Fast so,
als würde es Hallo sagen. Dann hüpft es
zu dem hohen Weidenbaum.

„Warte, Sören, wenn du klettern willst,
komme ich mit", flüstert Anna und
schleicht dem Eichhörnchen hinterher.
Doch Sören möchte nicht klettern. Er
gräbt eine kleine Grube am Fuß des
Baumes. Anna beobachtet ihren kleinen
Freund. Ist das ein Spiel? Oder hat
Sören dort einen Schatz versteckt? Anna
stellt sich vor, dass Sören ein großes
Piratenschiff mit einem Goldschatz unter
dem Baum versteckt hat.

Doch dann sieht sie, dass Sören wirklich
einen Schatz aus der Grube holt. Einen
Schatz für Eichhörnchen: Es sind

Eicheln. Sören steckt sich zwei Eicheln
in den Mund. Jetzt hat er ganz dicke
Wangen. Fröhlich hüpft er davon. Anna
sieht, dass er eine Eichel vergessen hat.
Aber Sören ist schon fast auf der anderen
Seite des Gartens.

„Sören! Komm zurück!", ruft Anna.

„Hier ist noch eine Eichel!"

Leider ist es zu spät. Sören verschwindet
schon unter einer Hecke. Anna hebt die
Eichel auf und dreht sie in ihrer Hand.
Ist die Eichel ein Geschenk von Sören?
Anna hat auch schon eine Idee, wem sie
die Eichel geben kann.

Der Besuch

An diesem Abend setzt sich Anna
an den kleinen Schreibtisch in ihrem
Zimmer. Sie schreibt einen neuen Brief
an Astrid. Die Eichel steckt sie vorsichtig
mit in den Umschlag.

*„Guck mal, was Sören im Garten versteckt
hat"*, schreibt Anna. *„Ob er noch mehr
Schätze vergraben hat?"*

Genauso wie Anna liebt Astrid den
Gedanken, dass Sören Schätze versteckt.

In ihren nächsten Brief an Anna schreibt
Astrid:

*„Schau doch mal, ob du Sörens Schatzkarte
findest. Vielleicht führt sie an einen
besonderen Ort. Zum Beispiel an das Ende
eines Regenbogens?"*

Darunter hat Astrid ein Bild von einem
Regenbogen gemalt. Und an dessen
Ende findet Anna auch einen Schatz.

*„Ich werde gut auf die Eichel von Sören
aufpassen"*, hat Astrid daneben-
geschrieben. *„Ich schicke dir einen Stein,
den ich gefunden habe, damit du auf ihn
aufpassen kannst."*

Anna hebt den kleinen Stein lächelnd
hoch und betrachtet ihn ganz genau.
Vielleicht kann der Stein ihr mehr

über Astrid verraten? Er ist klein, rund und so glatt wie Glas. Wenn Anna den Stein ganz nah vor ihre Augen hält, kann sie fast hindurchsehen. Ähnlich wie bei einem Eiszapfen. Das erinnert Anna an den Winter. Das ist ihre liebste Jahreszeit. Früher haben sie und Elsa im Winter immer Schneemänner gebaut.

„Wie Astrid wohl ist? Was mag sie?", überlegt Anna. Sie würde gerne alles über ihre neue Freundin in den Briefen herausfinden. Ich schreibe zuerst etwas über mich, denkt Anna. Wenn Astrid Lust hat, kann sie dann auch etwas über sich erzählen.

Anna nimmt ein neues Blatt Papier von dem Stapel und schreibt eine Liste, die

sie „Meine liebsten Dinge" nennt. Dann
beginnt sie zu schreiben:

„Schokolade ist mein Lieblingsessen. Ich
könnte sie sogar zum Frühstück essen."
Anna macht eine Pause und überlegt,
was sie noch gerne mag.

„Ich mag Eichhörnchen, aber meine
Lieblingstiere sind Rentiere. Hoffentlich
kann ich eines Tages auf einem reiten."
Dann fällt Anna auf, dass sie eigentlich
gar nicht weiß, wo Astrid wohnt. Also
schreibt Anna noch etwas dazu.

„Am liebsten bin ich zu Hause. Ich wohne in
den Bergen, an einem glitzernden Fjord."
Den Brief mit Astrids Antwort reißt
Anna so schnell auf, dass der Umschlag
einfach auf den Boden fällt. Anna liest

den Brief und mit jedem Wort freut sie sich mehr. Sie traut ihren Augen kaum.

„Ich liebe Schokolade auch. Du wirst es nicht glauben, aber ich wohne auch in den Bergen. Mein Lieblingsspiel ist Verstecken", schreibt Astrid.

Annas Lieblingsspiel ist auch Verstecken! Jetzt wird Anna ganz ungeduldig. Sofort nimmt sie Stift und Papier zur Hand. Sie möchte alles über Astrid wissen! Haben sie noch mehr gemeinsam?

„Was ist deine liebste Jahreszeit?", fragt Anna im nächsten Brief. *„Meine ist der Winter. Ich liebe Schneeengel, Schlitten und Schneebälle."*

Wieder sind die beiden Mädchen einer Meinung.

„Ich liebe den Winter auch", schreibt Astrid zurück. „Am liebsten mag ich Schlittschuhlaufen unter den Sternen. Und heißen Kakao am Feuer trinken."

In ihrem nächsten Brief traut sich Anna eine Frage zu stellen, die ihr sehr wichtig ist: „Hast du Geschwister?"

„Ich habe eine Schwester", schreibt Astrid zurück. „Sie ist meine beste Freundin. Es gibt niemanden, mit dem ich lieber spiele."

Anna steht auf, streckt sich und läuft durch ihr Zimmer. Astrid und sie haben so viel gemeinsam. Über ihren nächsten Brief muss Anna erst ein wenig nachdenken. Zum Glück hat sie noch ein wenig Zeit, bevor Nikko wieder ins Schloss kommt.

Sie verlässt ihr Zimmer und läuft durch die Flure. Aus der Küche hört sie Olina mit Pfannen und Töpfen klappern. Kai und Gerda polieren den Boden des Saals. Draußen wird es langsam dunkel. Zu dieser Tageszeit trifft Anna sich normalerweise mit ihrem Vater in der Bibliothek. König Agnarr liebt den Moment, wenn er seine königlichen Pflichten vergessen kann. Dann lesen Anna und er zusammen Geschichten. Ihr Vater ist der Beste darin, jeder Figur beim Vorlesen eine andere Stimme zu geben. König Agnarr erweckt jede Geschichte zum Leben! Anna vermisst ihren Vater und geht in die Bibliothek, um sich selbst ein Buch zu suchen.

Dort stehen riesige Bücherregale an der Wand. Sie reichen vom Boden bis zur Decke. Außerdem gibt es einen großen Kamin aus Stein. Anna findet, dass die Bibliothek der gemütlichste Raum im Schloss ist. Sie nimmt ein Buch mit Abenteuergeschichten aus dem Regal. Heute ist zwar kein Feuer an, aber Anna kuschelt sich trotzdem auf einem der Sessel vor dem Kamin zusammen. Voller Freude schlägt sie das Buch auf. Wenn sie heute schon selbst kein Abenteuer erlebt, möchte sie wenigstens ein Abenteuer lesen.

Doch Anna wird schnell abgelenkt. Sie hört seltsame Geräusche im Kamin. Dann hört sie ein Poltern. Fast so, als würde etwas fallen. Im Kamin ist zwar noch immer kein Feuer entfacht, aber das Geräusch entfacht Annas Fantasie.

Ist vielleicht ein Geist in der Bibliothek? Darüber hat Anna noch nie nachgedacht. Aber die Bücherregale an der Wand sind voll von Geistergeschichten.

Dann fällt es ihr plötzlich ein. Das ist bestimmt Astrid, die sie besuchen kommt! Astrid war noch nie im Schloss und hat wahrscheinlich keinen Eingang gefunden. Anna kichert. Durch den Kamin zu kommen, ist wirklich nicht der einfachste Weg. Das Schloss hat doch so viele Türen und Fenster!

Da fällt der Gast mit einem lauten Plumps aus dem Kamin in die Asche.

Anna läuft hinüber und beugt sich zu den Resten des Feuerholzes. Sie hat recht. Dort ist wirklich ein Gast durch die falsche Tür gekommen. Aber es ist nicht Astrid. Es ist Sören!

Das kleine Eichhörnchen ist versteckt unter einem grauen Ascheberg. Aber Sören hat sich nicht verletzt. Er schaut nur etwas überrascht und schüttelt dann die Asche ab. Sören dreht seinen kleinen Kopf und schaut in jede Ecke der Bibliothek.

„Bist du über einen Baum auf das Dach des Schlosses gekommen, Sören?", fragt Anna. „Deine Reise ging wohl etwas weiter als gedacht. Oder bist du ein König, der nach einem Schloss sucht?"

Anna überlegt kurz und läuft dann blitzschnell in ihr Zimmer. Sie kommt mit einer leeren Schmuckkiste zurück in die Bibliothek. Anna stellt die geöffnete Kiste auf den Boden und wartet, was Sören macht. Das Eichhörnchen scheint Anna zu verstehen. Sören schnüffelt an der Kiste und springt dann hinein. Vorsichtig nimmt Anna die Schmuckkiste hoch und macht sich auf den Weg. Eichhörnchen sind nicht gerne im Haus, das weiß Anna. Also möchte sie ihren kleinen Freund wieder in den Garten bringen. Aber durch seinen Besuch hat Sören Anna auf eine tolle Idee gebracht …

Das kleine Schloss

Anna denkt an die schönen Tage zurück, an denen sie mit ihrer großen Schwester Elsa alle möglichen Sachen gebaut hat. Dabei hatten sie immer so viel Spaß! Und daher glaubt Anna, dass Astrid bestimmt auch gerne etwas mit ihr bauen würde. Zum Bauen gehört viel Fantasie und Astrid denkt sich so gerne Sachen aus. Immerhin sind sie so Freundinnen geworden! Anna schreibt gleich am nächsten Tag einen neuen Brief:

„Liebe Astrid,

Sören hat mich gestern in der Bibliothek besucht. Ich habe etwas rausgefunden, was wir noch nicht wussten: Sören ist der König der Eichhörnchen! Er lebt unter der Hecke im Garten, aber eigentlich möchte er ein Schloss haben. Wollen wir Sören zusammen ein Schloss bauen?"

Direkt am nächsten Tag bekommt Anna einen Brief zurück.

„JA!", schreibt Astrid. *„Womit sollen wir anfangen?"*

„Es ist nicht einfach, zusammen zu bauen, wenn man sich nicht sieht", schreibt Anna zurück. *„Aber ich habe eine Idee …"*

Anna hat sich schon überlegt, wie sie am besten gemeinsam bauen können. Sie würde mit dem Bau des Schlosses anfangen und Astrid ein gemaltes Bild davon schicken. Dann könnte Astrid ihr antworten und ihre eigenen Ideen aufmalen, die Anna dann einbaut. So würden sie sich gemeinsam das Schloss für Sören ausdenken.

Voller Freude macht Anna sich auf den Weg in den Garten. Dort möchte sie Stöcke und Blätter sammeln. Kurze Zeit später kommt auch Sören aus der Hecke gehüpft. Er zuckt mit einer Nase und rollt auf der Wiese hin und her. Anna würde gerne zu Sören gehen, um mit ihm zu spielen. Aber sie hat zu viel zu tun!

Zuerst muss Anna den perfekten Platz für das Schloss finden. Sören mag den Garten, aber er ist auch gerne allein unter der Hecke. Anna geht ein paar Mal im Garten auf und ab. Dann hat sie endlich einen schönen Platz gefunden. Das Schloss wird an einem schattigen Platz unter der Weide stehen. Ein paar Äste schützen das Schloss. Aber so ist Sören trotzdem mitten im Garten und bei allem, was er mag – vor allem auch bei seinen Eicheln.

Anna trägt die gesammelten Stöcke und Blätter unter die Weide. Sie legt eine dünne Schicht aus Stöcken auf den Boden. Dann steckt Anna vorsichtig einen Stock nach dem anderen für die

Wände in die Erde. Die Lücken füllt
sie mit Blättern und Beeren. Durch
die Beeren kommt etwas Farbe in das
Schloss, denkt Anna. Doch da saust
Sören plötzlich von der Seite herbei,
klaut die Beeren und isst sie alle auf.
Anna lacht. Deswegen bauen Menschen
also keine Schlösser aus Essen, das
sie gerne mögen! Anna überlegt, was
passieren würde, wenn ihr Schloss aus
Schokolade wäre. Dann würde sie es
auch schnell aufessen. Also sammelt
Anna die übrigen Beeren aus dem
Schloss und legt sie für Sören auf einen
kleinen Haufen. Dann holt sie ein
paar Tannennadeln und steckt sie zur
Befestigung in die kleinen Wände.

Anna drückt die Wände so lange zusammen, bis alle Seiten gleich hoch und dick sind.

Dann wird es langsam dunkel. Zum Glück steht schon viel von dem Schloss.

Zurück in der Galerie des Schlosses malt Anna alles, was sie heute an dem kleinen Schloss gebaut hat, für Astrid auf.

„Manche Schlösser sind erst nach Jahren fertig", schreibt Anna in ihrem Brief.

„Aber wir haben schon einen guten Anfang." Bevor sie sich auf den Weg in ihr Zimmer macht, besucht Anna noch ihre Freunde auf den Gemälden.

„Entschuldigt, dass ich euch so lange nicht besucht habe", sagt sie.

Anna erklärt ihnen, dass sie mit

einer Freundin spielen war. Aber sie
verspricht, öfter wieder in die Galerie zu
kommen. Denn Anna weiß, wie es ist,
sich allein zu fühlen.

Astrids nächster Brief ist vollgepackt mit
tollen Ideen!

*„Es sollte im Schloss mehrere Zimmer
geben"*, schreibt sie in dem Brief. *„Sören
braucht ein Spielzimmer, oder?"*

Anna nickt begeistert, als sie den Brief
liest. Warum hat sie nicht selbst daran
gedacht? Sofort legt Anna den Brief
zur Seite und läuft in den Garten. Mit
kleinen Steinen baut sie Wände in
Sörens Schloss. So trennt Anna das
Spielzimmer von dem Schlafzimmer.
In das Spielzimmer legt Anna kleine

Tannenzapfen. Auch ein König braucht
Spielzeuge, denkt sie.

„Verschiedene Zimmer sind toll!", schreibt
Anna und malt ein Bild von den Räumen.

„Sollen wir ihm auch ein Bett bauen?"

„Natürlich braucht Sören ein Bett",
antwortet Astrid in ihrem nächsten Brief.

*„Der König der Eichhörnchen braucht alles,
was wir auch haben."*

Im Garten findet Anna ein kleines Stück
Moos und ein paar große Blätter. Darauf
kann das Eichhörnchen bestimmt
gut schlafen. Am Abend macht Anna
zusammen mit Fräulein Larsen eine
kleine Schale aus Ton. Anna füllt die
Schale mit Wasser und stellt sie neben
Sörens Bett aus Moos.

In ihrem neuen Brief malt Anna alle Möbel in Sörens Schloss auf. Astrid schreibt sofort zurück: *„Jetzt ist es perfekt! Sollen wir das Dach bauen?"*

Anna sammelt dünne Zweige im Garten und legt sie kreuz und quer auf das kleine Schloss. Dann bindet Anna die Zweige mit Grashalmen an den Wänden fest. An den Rand legt sie kleine Steine, damit das Dach nicht wegfliegt. Anna hält die Luft an und stupst das Schloss vorsichtig an. Es bewegt sich ein bisschen, aber es bleibt stehen. Das Schloss für den König der Eichhörnchen ist fertig!

In ein paar Tagen kommen König Agnarr und Königin Iduna zurück nach

Arendelle. Anna möchte ihren Eltern das Schloss unbedingt zeigen. Und ihnen von Sören und Astrid erzählen. Anna ist froh, dass sie zwei neue Freunde gefunden hat. Aber sie freut sich auch auf ihre Eltern.

Anna macht sich auf den Weg zurück ins Schloss. Sie setzt sich in die Bibliothek und schreibt einen Brief an Astrid. Danach kuschelt Anna sich auf dem Sessel zusammen. Das Schloss ist perfekt geworden. Jetzt muss Sören nur noch einziehen. Astrid und sie sind ein tolles Team. Anna liebt es, nicht mehr allein zu sein. Langsam fallen ihre Augen zu …
Der Sessel neben dem Kamin ist so gemütlich, dass Anna einschläft. Es ist

zwar noch früh, aber es ist anstrengend, ein Schloss für Eichhörnchen zu bauen.

Als Anna wieder aufwacht, hat sie Nikkos Lieferungen für diesen Tag verpasst. Aber Olina hat einen Umschlag für sie auf einen kleinen Tisch neben der Treppe gelegt. Anna nimmt ihn hoch und dreht den Umschlag in ihren Händen. Sahen die Briefe vorher auch so aus? Oder ist das der erste Brief mit dem königlichen Siegel?

Die geheime Mission

Anna schaut noch einmal genau hin und stutzt. Das kann nicht sein. Wieso schickt Astrid einen Brief mit dem königlichen Siegel? Anna hält den Umschlag dicht vor ihre Augen. Es besteht kein Zweifel. Das ist das königliche Siegel mit dem Krokus in der Mitte. Wie hat Astrid das Siegel bekommen? Anna weiß, dass der Stempel und das Wachs für das Siegel immer sicher in Olinas Schublade in der Küche versteckt sind.

Sie setzt sich auf die Treppe und denkt nach. Dann fällt Anna ein, was Olina gesagt hat: Ich wünschte, du hättest jemanden zum Spielen.

Hat Olina die Briefe beantwortet, damit Anna eine Freundin hat? Anna wird traurig. Der Gedanke, dass Olina die Briefe schreiben könnte, gefällt ihr nicht. Das würde bedeuten, dass es Astrid nicht gibt. Und dann wären Anna und Astrid auch kein Team. Bestimmt meint Olina es nur nett, aber Anna blickt mit Tränen in den Augen auf den Brief und seufzt. Sie hat sich so sehr eine echte Freundin gewünscht!

Olina fegt gerade den Festsaal, als Anna auf sie zuläuft. Die Köchin lächelt, aber Anna lächelt nicht zurück. Sie hält den Brief hoch und schaut Olina direkt in an.

„Ist der Brief von dir?", fragt Anna mit trotziger Stimme.

„Nein, der ist von Nikko", antwortet Olina überrascht. „Also, er hat ihn gebracht. Der Brief ist von deiner Freundin Astrid."

Annas Augen füllen sich mit Tränen. Sie atmet einmal tief durch und dann spricht sie weiter.

„Das dachte ich auch", erklärt Anna Olina schluchzend. „Aber der Brief kann nicht von Astrid sein. Jemand im Schloss muss ihn geschickt haben. Schau doch mal, da ist das königliche Siegel drauf."

Olina hört auf zu fegen und beugt sich zu Anna herunter. Sie nimmt den Brief in die Hand und dreht ihn in ihrer Hand. Für eine Weile überlegt sie. Dann streicht Olina Annas Tränen aus dem Gesicht und lächelt sie an.

„Anna, ich verspreche dir, dass ich den Brief nicht geschrieben habe", sagt sie aufmunternd. „Komm doch mit mir in die Küche. Wir können ein paar Kekse verzieren."

Anna schnieft noch einmal leise und trottet dann hinter Olina her. Sie vertraut der Köchin. Wenn Olina sagt, sie hat den Brief nicht geschrieben, dann stimmt das. In der Küche streut Anna viele bunte Streusel über die frisch gebackenen Kekse. Aber sie kann nicht aufhören über den Brief nachzudenken. Jemand im Schloss muss den Brief geschrieben haben. Anna ist wild entschlossen die Person auf frischer Tat zu ertappen. Sie muss jeden im Schloss genau im Auge behalten.

Am nächsten Morgen zieht Anna ihre flauschigen Hausschuhe an. So macht sie kein Geräusch, wenn sie über die Flure des Schlosses schleicht. Anna versteckt sich im Türrahmen, als Gerda und Kai die Fenster in den königlichen Büros putzen. Hier gibt es viele Stifte und Papier auf dem Schreibtisch. Normalerweise ist

König Agnarr in diesen Räumen und kümmert sich um die Geschäfte des Königreichs. Aber jetzt ist er auf Reisen. Es wäre einfach für Kai oder Gerda, hier einen Brief zu schreiben.

Doch Kai und Gerda beachten den Schreibtisch gar nicht. Als Nächstes polieren sie den Fußboden, bis er glänzt. Dann machen die beiden sich auf den Weg in das königliche Schlafzimmer, um alles für die Rückkehr von Königin Iduna und König Agnarr vorzubereiten. Anna schleicht weiter. Gerda und Kai wirken nicht so, als würden sie etwas im Schilde führen.

Während ihres Unterrichts beobachtet Anna Fräulein Larsen ganz genau. Doch auch hier kommt Anna nicht weiter.

Sie merkt schnell, dass die Briefe nicht von Fräulein Larsen sein können. Ihre Lehrerin schreibt ein paar Wörter an die Tafel. Da sieht Anna, dass die Schrift ganz anders aussieht als die Wörter von Astrid in den Briefen.

Könnte Nikko die Briefe geschrieben haben? Heimlich folgt Anna ihm. Sie versteckt sich im Schatten des Schlosses, während Nikko seine Pakete ausliefert. Er trägt schwere Säcke und Fässer und Boxen zu den Menschen im Schloss. Dabei ist Nikko die ganze Zeit fröhlich. Er lächelt und unterhält sich mit dem Schlosspersonal. Anna kann an seinem Verhalten nicht Sonderbares entdecken.

Olina ruft Nikko in die Küche und Anna beobachtet die beiden. Sie sieht, wie Nikko ein Stück Papier aus seiner Jackentasche holt. Jetzt kann sie ihn erwischen! Doch Nikko schreibt keinen Brief. Er notiert nur, was Olina am nächsten Tag in das Schloss geliefert haben möchte.

Anna macht sich auf den Weg in den Garten. Der Gärtner Anders pflückt gerade einen Strauß schöner, bunter Blumen. Anna schleicht sich in seine Gartenhütte. Vielleicht findet sie hier einen Hinweis, dass Anders die Briefe geschrieben hat. In der Hütte liegen ein paar Decken. Anna fragt sich, ob Anders hier ab und zu heimlich schläft, wenn

niemand da ist. Heißt das, er schreibt
auch heimlich Briefe? Oder heißt es nur,
dass er oft müde ist?

Anna geht zurück in ihr Zimmer.

In ihrer Tasche hat sie immer noch
den Stein von Astrid. Anna holt in
hervor und dreht ihn in ihren Händen.
Er ist immer noch ganz kalt und fast
durchsichtig. Sie wischt mit ihrer Hand
über die glatte Oberfläche des Steins.
Aber seine Mitte kann Anna trotzdem
nicht sehen. Sie ist geheim. Genauso wie
der Schreiber der Briefe.

Als Anna zurück in die Küche kommt,
ist Olina nicht da. Wo mag sie nur sein?
Anna dreht um und geht zurück in den
Festsaal. Dort sieht sie Olina im letzten

Moment am Ende der großen Treppe verschwinden. Was hat die Köchin vor? Annas Herz schlägt schneller. Sie läuft die Treppe ein Stück hoch. Endlich würde sie Antworten bekommen!

Anna hört, wie im Flur eine Tür geöffnet wird. Dann hört sie Olinas sanfte Stimme. Kurz darauf wird die Tür wieder geschlossen. Olina dreht sich um und macht sich auf den Weg nach unten. Schnell läuft Anna die Treppe wieder hinunter und versteckt sich in einer Ecke. Sie möchte nicht entdeckt werden. Als Olina an ihr vorbeigeht, sieht Anna, dass die Köchin ein leeres Tablett trägt. So wie jeden Tag hat Olina Elsa das Essen in ihr Zimmer gebracht.

Anna seufzt. Auch hier kann sie keine geheimen Briefe entdecken. Es ist alles ganz normal.

Olina geht durch den Festsaal, ohne Anna zu bemerken. Anna bleibt noch einen Moment in ihrem Versteck. Sie denkt nach. Ohne ihre Eltern und Elsa war Anna ganz allein. Die Freundschaft mit Astrid hat sie glücklich gemacht. Anna hat neue Geschichten erfunden, ein Schloss gebaut und viele Briefe geschrieben. Es ist egal, wer auf ihre Briefe geantwortet hat. Anna war so froh wie lange nicht mehr. Morgen kommen ihre Eltern zurück. Und die Zeit ist wirklich schnell vergangen.

Annas Blick fällt auf Elsas Tür.

Was macht Elsa in dem Zimmer? Sie hat Nikko nicht bei seinen Lieferungen geholfen. Im Garten war Elsa auch nicht. Sie hat sich auch nicht verkleidet, mit den Gemälden gesprochen oder Verstecken gespielt.

„Bestimmt ist Elsa noch einsamer als ich", murmelt Anna. Astrid hat Anna geholfen ihre Einsamkeit zu vergessen. Gibt es auch einen Weg, wie Anna Elsa helfen kann?

Das Buch

Die kleine Anna hat eine Idee: Sie möchte ihre große Schwester zum Lachen bringen. Niemand mag gerne allein sein. Und jetzt, wo Astrid nicht mehr da ist, fühlt Anna sich auch wieder einsam. Trotzdem hat sie noch einen Freund, den Elsa noch nicht kennt. Wenn ich Elsa von meinem neuen Freund erzähle, freut sie sich bestimmt, denkt Anna.

Am nächsten Morgen geht Anna in den Garten. Vorsichtig schleicht sie zu Sörens Schloss. Ob er wohl zu Hause ist? Es ist noch früh, also möchte sie Sören nicht wecken. Leise hebt Anna das Dach des Schlosses hoch und guckt hinein. Das Eichhörnchen liegt zusammengerollt auf seinem Bett aus Moos. Mit den Fingerspitzen nimmt Anna die kleine Tonschale aus dem Schloss und füllt sie mit neuem Wasser.

Anna steht auf und sammelt ein paar Tannenadeln vor Sörens Schloss auf. Als sie sich wieder umdreht, ist Sören wach! Für einen Moment starrt das Eichhörnchen Anna an. Dann hüpft er aus seinem Bett und springt aus dem

Schloss. Dabei benutzt er nicht die Tür, die Anna und Astrid für ihn gebaut haben. Sören klettert einfach durch das Schlossfenster.

Das Eichhörnchen düst durch den Schlossgarten. Anna kann ihm kaum folgen. Sören springt über einen Pfefferminz-Busch und stürzt sich in einen Laubhaufen. Dann klettert er einen Baum nach dem anderen hoch und runter. Als er wieder auf dem Boden ist, rollt er sich in dem nassen Gras hin und her. Schließlich entdeckt er die Blumenzwiebeln des Gärtners und knabbert fröhlich daran.

Sören ist hellwach und voller Energie! Anna verfolgt ihn und versucht sich jede Bewegung zu merken. Sie möchte noch mehr Geschichten über das Eichhörnchen schreiben. In ihrem ersten Brief an Astrid hat Anna angefangen die Geschichte von Sören aufzuschreiben. Doch danach haben Astrid und Anna über andere Sachen geschrieben. Sie haben ihre liebsten Dinge und besten Ideen geteilt. So sind sie Freundinnen geworden.

Anna beschließt die ganzen Fragen über Astrid zu vergessen. Vielleicht wird sie nie Antworten bekommen. Astrid war für Anna da, als sie eine Freundin brauchte. Aber nun ist es für Anna an der Zeit, eine Freundin für jemand anderen zu sein. Und sogar mehr als eine Freundin. Denn die Person, die Anna nun am meisten braucht, ist ihre Schwester Elsa.

Um Elsa eine Freude zu bereiten, möchte Anna die Geschichte über Sören zu Ende schreiben. Aber dieses Mal schreibt Anna keine Briefe. Sie wird ein Buch schreiben. Nachdem Sören seinen Ausflug durch den Garten beendet, läuft Anna zurück ins Schloss. Sie schneidet ein paar Blatt Papier zurecht, sodass sie kleine Karten hat. An die Seiten der Karten macht Anna kleine Löcher. Im Garten pflückt sie lange Grashalme. Vorsichtig webt sie die Grashalme durch die Löcher der Karten, um die Seiten des Buches an einer Seite zusammenzubinden. Dann fängt Anna an zu schreiben.

„Es war einmal ein kleines Eichhörnchen, das in einem großen Garten lebte. Dieses Eichhörnchen hieß Sören. Es war so schnell wie ein Pferd und sein Fell war so weich wie eine Feder. Jeden Tag erlebte Sören neue Abenteuer in dem großen Garten."

Anna berichtet, wie Sören auf einen Baum nach dem anderen klettert. Außerdem erzählt sie, dass Sören gerne Beeren klaut. Zuletzt beschreibt sie, welche Waldtiere mit Sören befreundet sind und ihn in seinem Schloss besuchen. Manche Sachen sind wahr und manche Geschichten erfindet Anna. Aber das ist Anna egal.

Durch ihre Freundschaft mit Astrid hat sie etwas gelernt: Manchmal fühlt sich die Fantasie genauso gut an wie echte Erinnerungen.

Nachdem Anna die Geschichte über Sören fertig geschrieben hat, malt sie zu jeder Seite ein schönes, buntes Bild. Anna hält das Buch stolz vor sich in die Luft und überlegt. Ein Buch braucht keinen Umschlag und kein königliches Siegel. Aber jeder soll wissen, dass sie das Buch geschrieben hat. Also schreibt Anna ihren Namen groß und bunt auf die erste Seite.

Jetzt muss Anna das Buch trotzdem noch an Elsa schicken. Dieses Mal gibt es keinen Grund, auf Nikko zu warten.

Er nimmt nur die Post mit, die in das Königreich verschickt wird. Aber diese Lieferung muss nur aus Annas Zimmer in Elsas Zimmer gebracht werden. Anna hat eine Idee. Es gibt jemanden, der Elsa jeden Tag besucht. Sie wartet, bis Olina Elsas Essen vorbereitet. Schnell läuft sie in die Küche.

„Kann ich heute das Tablett tragen?", fragt Anna. „Ich möchte dir helfen!" Olina schaut Anna an und überlegt.

„Na gut, du kannst mir helfen", sagt sie dann. „Aber du darfst nicht in Elsas Zimmer gehen."

„Kein Problem", meint Anna. „Ich trage es nur hoch. Du kannst es dann reinbringen."

Olina füllt ein wenig heiße Suppe in eine kleine Schale. Dann richtet sie auf einem Teller frische Brote und Salat für Elsa an. Nachdem alles fertig ist, überreicht Olina Anna das Tablett.

Gemeinsam machen sie sich auf den Weg zu Elsas Zimmer. Anna trägt das Tablett, ohne zu wackeln, die Treppe hinauf. Oben angekommen wartet sie auf den richtigen Moment.

Olina geht zur Tür und klopft. Dann verschwindet sie kurz in Elsas Zimmer. Anna versteckt das kleine Buch unter der Serviette. So sieht Elsa es direkt, wenn sie essen möchte. Und trotzdem würden nur die Schwestern davon wissen. Es ist ihr Geheimnis.

Als Olina ihren Kopf aus der Tür steckt, läuft Anna hinüber und gibt ihr das Tablett. Jetzt gibt es nur noch ein Problem. Wie soll Anna erfahren, ob Elsa das Buch mag? Anna muss noch etwas länger vor der Zimmertür bleiben.

„Kannst du das Tablett runtertragen?", fragt sie Olina. „Ich muss etwas aus meinem Zimmer holen."

„Natürlich", antwortet Olina und macht sich auf den Weg in die Küche.

Anna geht in ihr Zimmer und wartet kurz. Dann schleicht sie sich wieder auf den Flur. Langsam und leise geht Anna vor Elsas Zimmer auf und ab. Sie hält vorsichtig ihr Ohr an die Tür. War das etwa das Geräusch des Umblätterns?

Hat ihre Schwester gelacht? Anna achtet gespannt auf jedes Geräusch.

Plötzlich ertönen andere Geräusche aus der Festhalle. König Agnarr und Königin Iduna sind wieder da! Anna hört, wie die große Tür ins Schloss fällt und die Koffer ins Schloss getragen werden.

„Mama! Papa!", ruft Anna aufgeregt und rast die Treppen hinunter.

So kann Anna den Brief nicht mehr sehen, den Elsa unter der Tür durchschiebt. Es ist ein Brief, den Nikko ausliefern soll. Und auf dem Brief klebt das königliche Siegel …

„Elsas magischer Einsatz"

Die königliche Kutsche rollt langsam auf einen dichten Kiefernwald zu. Schon biegt sie mit ihren Passagieren auf den schmalen Weg zwischen den dünnen, hohen Stämmen ein. Elsa hat das Gefühl, ganz weit von zu Hause weg zu sein.
Sie hört nur den Hufschlag der weißen Pferde auf dem trockenen Waldboden und das fröhliche Zwitschern kleiner Vögel hoch oben in den Bäumen.
Oh, und natürlich die Stimme ihrer kleinen Schwester Anna, die es kaum erwarten kann, endlich anzukommen.

„Wann sind wir da?", fragt sie
ungeduldig. Und ein paar Minuten
später: „Sind wir jetzt endlich da?"
Wie jeden Sommer sind Elsa und die
Königsfamilie auf dem Weg in ihr
Sommerhaus. Das ist eine malerische
Hütte in einem kleinen Dorf hinter den
Wäldern von Arendelle. Einmal im Jahr
verbringen König Agnarr und Königin
Iduna mit ihren Töchtern ein paar
Wochen in der Sommerhütte – ohne das
Schlosspersonal und ohne königliche
Verpflichtungen.

Der Band „Elsas magischer Einsatz"
ist im Frühjahr 2021 unter der
ISBN 978-3-8451-1752-2 erschienen.